Mario Stenz

Der Geschmack der Gezeiten

Bibliographische Informationen der Deutschen Nationalbibliothek:

Die Deutsche Nationalbibliothek verzeichnet diese Publikation in der Deutschen Nationalbibliografie; detaillierte bibliografische Daten sind im Internet über http://dnb.dnb.de abrufbar.

Herstellung und Verlag:

BoD – Books on Demand, Norderstedt

ISBN: 9783751919227

Der Geschmack der Gezeiten

-

Gedichte

Mario Stenz

Gewidmet:

Ineke, Zoë, „Joh", Ina und Leah

„Ganz bestimmt ist die Sprache des Dichters höchst verschieden von der gewöhnlicher Menschen; sie ist so feierlich, dass sie, verglichen mit gewöhnlicher Sprache verglichen, beinahe wie Schweigen wirkt, jedoch keine Schweigen ist. Auch sucht der Dichter nicht die Stille, um zum Schweigen zu kommen, sondern im Gegenteil, um zum Reden zu kommen – so wie ein Dichter redet. "   Sören Kierkegaard

Inhalt

Einleitung

Der Gedichtband „Der Geschmack der Gezeiten" kann als Fortsetzung meiner „Lebenslyrik" verstanden werden. Denn auch im vorliegenden Buch wird aus und über das Leben erzählt, in dem sich die bedeutensten Augenblicke und geschenkten Gedanken einer bestimmten Lebensphase verdichten. Es sind gesammelte Gedichte, stilistisch bewusst uneinheitlich[1], aber immer inspiriert durch Ereignisse, heilige Momente, Erinnerungen, Gedanken und die Ebbe und Flut des Lebens, die Stunden zwischen Leere und Fülle mit ihren verschiedenen Geschmäckern und feierlichen Färbungen - wie sie vielleicht jeder kennt.

Durch diese „Bekanntschaft" mit den „Gezeiten des Lebens" wird der Leserin/dem Leser die Zugänglichkeit zu den Gedichten erleichtert. Und wenn doch etwas allzu „fremd" und hermeneutisch unzugänglich sein sollte, so weckt dies möglicherweise den Reiz des Unbekannten, was die Vorstellungskraft anregen und bereichern kann, wenn man sich darauf einlässt. Vielleicht findet sich die eine oder andere Leserin/der eine oder andere Leser, der/dem diese Leseerfahrung zuteil wird.

Obgleich: dieser Mehrwert des Rezipienten ist nicht die Grundintention des Gedichtbands, sondern es wäre im besten Falle ein positiver Nebeneffekt: denn vornehmlich habe ich dieses Buch für mich geschrieben. Es sind konservierte Erinnerungen als Intensitätsanzeiger im Kunstformat des Gedichts, Lebenszeichen von mir als Person, die sich auf schöpferisch, kreative Art mit sich und dem Leben auseinandersetzt. Ob die hier abgefassten Gedichte im Einzelnen einem „etwas geben", ob sie dechiffriert werden können, ob sie als schön empfunden werden oder Anklang finden, wäre sehr erfreulich, aber es ist keinesfalls zwingend. Denn wenn ich sie lese, weiß ich was ich dachte und wo ich war. Wenn jemand anders sie liest, gibt jedes Gedicht das, was der Leser/die Leserin ihm zu entnehmen weiß. Und ob die Gedichte dabei eine Saite im Leser/in der

---

[1] Siehe Gedicht „Methode"

Leserin zum Klingen bringen, hängt nur in begrenztem Maße von den Gedichten, als vielmehr vom hermeneutischen Geschick, dem Geschmack, der Bildung und dem Lebenskontext des Lesers/der Leserin ab. Dabei wird es nie zum Deckungsabgleich der Deutungen zwischen Autor, Gedicht und Rezezipient kommen, denn jeder Mensch ist eigen. Und diese Ontologie der Individualität hat ihr Gutes, denn sonst wäre Kunst nicht möglich, die meines Erachtens nicht auf eine eindeutige Kommunikation als vielmehr auf ein ästhetisches Erlebnis und eine intellektuelle Anregung abzielt...

Mehr an hinführenden Worten, Wünschen, Absichtserklärungen und einer kleinen Poetologie bedarf dieser Gedichtband nicht. Denn der Rest obliegt den Gedichten: sie stehen und sprechen für sich.

Teil I

Wandel

Die Tage sind lang
Und voll

Voll mit dem, was ich einst
Nie wollte.

Aber der Wandel
Ging um
Wie eine neue Jahreszeit,
Die anbrach
Und Fülle brachte:

Mit vertrautem Blick
Gehe ich verändert
In die alten Tage,

Erfahrener
Im Geschmack der Gezeiten

Und noch immer
Auf den Pfaden
Der Erkenntnis,

Aber leichter und freier als einst,

Als ich nur nackt war,
Mich
Nacht umgab,
Und ich
Die Leere liebte.

Heimat

Ob in der ersten Weite
Über den beschneiten Feldern,

Den turmhohen Reihen
Der Pappeln am Rand des Geschehens,

Oder im Gang über die weichen Wege
In der Luft und Stille spielten,

Ob beim Einfall der Sterne
Zur wiederholten Geburt des Dunkels,

Oder im knirschenden Schnee
Entlang der Schönheit des Schilfs,

Ob in der Zeit auf der Anhöhe
Mit Armen baumbreit über den Häusern:

Alles umher roch nach Kindheit und Jugend,
Und schenkte dem Gefühl der ersten Heimat ein Gesicht.

Lichttropfen

Es trifft mich der Regen nur noch
Fruchtbar und nicht mehr welk an den Enden.

Im Sturm selbst stehe ich standhaft
Wie ein Baum für den nächsten Schliff.

Ein Tal, als Meertiefe durchtanzt,
Erscheint mir als eine geschenkte Stufe,

Und an die kalte Schulter des Schwärze
Schmiege ich mich wie an die Seite einer Geliebten an,

Denn einen Splitter Licht suche ich in allem,
Das wie ein goldenes Wort entlang des Wegs trägt.

Schwelle

Gib acht, geh` bedächtig
Und aufrecht über die Schwelle,

Trage den Nektar der Farben
Zurück in die Taschen der Häuser,

Denn die Nacht des Herbstes
Schwemmt fraglos den Nebel an,

Später sinken dann
Die Blätter hinab in die endlose See,

Und der Süden lockt
Die Vögel zur Feier der Heimkehr.

Cahier

Es gilt mir seit Jahren wie ein steter Gefährte
Auf meinen Tagreisen zur Nacht.

Es bietet dem Schweigen Zuflucht
Und den bedachteren Worten ein Dach über der Bedeutung.

Es wirkt wie ein Freund in der Tasche
Und als sicheres Depot für die anderen Intimitäten,

Es bietet der Erfahrung eine Bleibe
Und beugt den Spiegel der Blicke zurück auf mich,

Es empfängt den Gesang und die Splitter
Und es ist die erste Heimat für jeden Gedanken, der kommt.

Mitte

Über letzte Gipfel kann ich
Heute nichts zu berichten,
Und nichts schweres
Über neue Täler schreiben:

Denn ich finde mich vielmehr
Wohl in der Mitte in mir
Und zwischen den Tagen
In halber Höhe zu Hause.

Veränderung

Zur genullten Stunde
Stellen die Tage sich neu,
Wir aber im Kreis des Geschehens
Bleiben uns furchtbar gleich,
Fast so als gäbe es für Morgen
Keine Option für den Wandel
Und keine Gunst der Mächte,
Die mit den Fesseln brechen.

Liebende

Ich liebe Menschen
Mit Liedern im Dunkel,
Menschen,
Tiefschürfend und meerstill
Und frei
Vom Geschmack der Ströme,

Menschen, die über sich
Noch ins Lachen finden,
Auch wenn sie
Des Tags allein
Und von Eigenheit umgeben
In der Aura der Nacht stehen.

Ich liebe Menschen,
Die ein Genügen in sich tragen,
Und doch bereit
Und offen sind
Für das Andere
Und das tanzende Leben in sich.

Methode

Ein Gedichtband
In Stil und Sujet
Aus einem Geist und Guss,

Wäre als Konzept
Vielleicht schön und
Genial im Ganzen, -

Aber noch wählen
Die Worte mich
Je nach Gedanke und Ereignis,
Als den Rhythmus ihres Wegs.

Und so lebt
Mit mir als Mittel
Noch offener Gesang
In jeder sinnvollen Geste des Geschehns.

Kälte

Die Kälte legt sich
Wie eine Schauer Schwärze
In die Nacht,

Sie kriecht
Wie Ekel in jede Fuge
Des erstarrten Geschehns:

Knochen klirren
Im Skelett am Werke:
Ich höre sie klappern

Und der Weltraum
Wächst ins Unheimliche
Außerhalb der vier Wände.

Stimmung

Die Melancholie des Regens verging
Und die Straßen entledigten sich der Bleiche.

Der hungrige Blick hob sich wieder
Und zwei Krähen am Rande, die spielten

Verhalfen meiner Winterseele wieder
Zum Anflug ins Meer der lichteren Zeiten.

Supernova

Im Fernsehen sprach wer
In gestellten Bildern
Vom Urknall und unvorstellbaren Entfernungen,

Er redete hinzu
Von den Milliarden Geburtsjahren des Kosmos bisher,
Und über die Leuchtkraft einer Supernova.

Er kam,
Von Sternenstaub zu Sternenstaub,
Auf sterbende Sternen zu sprechen,
In denen auch wir
Unsere erste Stunde hatten.

Mir stieg
Über die monströse Größe verwundert
Nur das Absurde
Und die Hinfälligkeit von allem im All
In den Sinn.

Aber zwischen dem verspürte ich auch Durst:

Folglich trank ich etwas,
Was von Bedeutung war,
Atmete und spielte
Den kommenden Tag durch.

Denn es gab,
Der Sternennichtigkeit zum Trotz,
Noch genug zu erledigen
Was direkt vor der Nase und
In der Reichweite des Glücks lag.

Taufe

Leise Lippenbekenntnisse
Zur konventionellen Weihe des Märchens.

Fürbitten sind als Zeichen
Der Anteilnahme immer gut,

Aber der Junge
Wusste nicht wie ihm geschah,
So ganz fromm
Mit Gewässern und der Asche Gottes befingert.

Die geladenen Gäste
Stammelten die feierlichen Lieder
Aus Unkenntnis zum Besten

Und so verkehrte sich
Die Willkommensfeier
Am Ende festlich
Zur Farce.

Gefestigt

Es schwirren
Keine Schmetterlinge mehr
Ganz so wirr wie
Zu Beginn des Flugs.

Mein Herz flimmert
Mir nicht mehr ganz so
Wie trunkner Flieder
Im Vorhof des Frühlings.

Es schlägt keine Kapriollen mehr,
Und tanzt nicht mehr hoch,
Bis zur Rinne des Halses
Wenn ich dich sehe.

Zwischen allem im Alltag aber
Glüht in mir wie im leichten Rausch
Noch das getragende Lächeln
Eines Beschenkten auf,

Ein Lächeln aus deiner Anwesenheit,
Durch die ich um Fülle in mir
Und ein Königreich
In meinen Kreisen weiß.

Lücke

Im Tanz zeigen
Was nüchtern
Scham trägt:

Eine Maske zu viel
Verlor sich,
Die am Tag danach
Der Kontrolle,
In beißendem Spott
Ihr Leid
Über Lücken klagte.

Appell

Die Nacht wächst und
Im Schweigen des Winds gedeiht
Auch die Wut in den Häusern
Vorm Schutz des Fensters,
Das von Behagen spricht.

Die Kälte draußen steht klirrend,
Irgendwo hungert und friert wer
Und die verlorenen Seiten, die
Ich las hinterließen Scherben
Aus Licht in meinem Kopf.

Ein blutendes Gewissen redet wie
Zertretene Rosen im Dreck:
"Träum schön und träufel weiter
Schokolade über die Wunden der Welt
Oder pack` an und verändere was."

Selbstwirksamkeit

Im Garten der Tage warteten
Die Blüten auf Licht, und ich
Trug das Laub von gestern
Und vergilbte Gräser heim.

Ich gab Wasser und Wissen
Nach bestem Gewissen
Und wirkte wie ein Gott
Mit Händen im seinem Bereich.

Ich schuf kleine Ländereien
Zwischen den Türmen aus Stein
Und schenkte Platz für Atem und Tau
In den Gewändern des Morgens.

Mut

Sich nicht vom Weg abbringen lassen
Und das vorgestellte Scheitern hassen,
Dafür, dass allein der Gedanken daran
Uns den Mut zum Handeln nehmen kann.

Nischenkunst

Seine Nische finden,
Als kleine Glückssuche
Für das reine Behagen
Derer, die fremd sind
In der geordneten Welt.

Eis

Es fühlt sich merkwürdig an
Über eine vereiste See zu gehen
Es ist wie: am Abrund stehen,
Nur dass man hier ertrinken kann.

Und doch: in dieses Angsterwachen
Mischt sich der Sinn fürs Spiel,
Ich gleite wie im Tanz, denn fragil
Ist alles, Eis als auch das Leben und jedes Ziel.

Hochwasser

Der Regen und die Schmelze
Hoben die Flüsse übers Erträgliche,
Und mit Macht trat die Wildnis
Erneut über die Schwelle:

Wieder liefen gemächlich
Im Winter die Zimmer voll
Und der Bruchstein fiel
Ohne Aufsehn ins Vergessen.

Da kann man nichts machen,
Außer gelassen werden
Oder fortziehn, dorthin,
Wo kein Wasser mehr wächst.

Aber eines ist gewiss:
Trockenen Füsses
Tritt auch an
Land keiner ab.

Wissen

Wusstest du, dass alle fünf Sekunden ein Kind verhungert
In einer Welt, die Überfluss produziert?

Wusste du, dass die "Oberen" zehn Prozent so viel
Besitzen wie 80 % der Weltbevölkerung?

Wusstest du, dass noch immer Menschen
An Krankheiten sterben, für die es schon Jahre Heilmittel gibt?

Wusstest du, dass die Freiheit des Marktes
Die Reichen reicher werden lässt und den Arbeitszwang verewigt.

Wusstest Du, dass der "Wille zur Macht" (Nietzsche)
Im Kapital sein Mittel findet und es mit Gewalt befeuert?

Wusstest du, dass es gute Ideologien gibt,
Die für Lebensqualität und Menschenwürde votieren?

Wusstest du, dass Wissen auch Ohnmacht offenbart,
Und Angst die Injektion ist, mit der man uns lähmt?

Hoffnung

Die Zeit streut ihre Samen
Offen in die Stille aus,
Und schenkt einen Ausblick
Auf erste Blüten:

Andere Tage
Werden kommen,
An denen
Ich nicht mehr denken *muss,*

An denen ich wieder
Sein darf
Ohne zu funktionieren,

Frei und mit den nackten Füßen
Bar den Sinnen
In Sonne und Sand.

Kameraden

Zwei Stühle
Für uns
Und in der Mitte
Ein Feuer
Als Eins
Unter der Unendlichkeit:

Worte
In Bildern
Und versteckte Gedanken
Wechseln die Häuser
Und verwachsen weiter
Als Wurzeln der Freundschaft
Zwischen den Liedern
Der wandernden Jahre.

Teil II

Ausblick

(Berwang)

Im Gebirg
Wird der Blick
Wieder frei und weit,

Denn es ist
Als vermählt sich
Zeit mit Ewigkeit…

‐

Aber es sind nicht allein
Der Himmel und das Tal
Die sich weiten,

Denn schon immer
Gibt es einen Weg
In den Raum dorthin,

Was sich öffnet
Sind die Möglichkeiten
Und der Blick dafür

Und der Geschmack
Für Schönheit,
Schmerz und Sinn.

Bibione

Straßen,
Pink und
Überfrachtet und
Aus zerlaufenem Plastik geformt,

Und Strände
Im Stile
Eines geordneten Alls,
Sauber,
Aber steril und
Seelenlos geschaffen:

Ein Stück Erde bewohnten Unbehagens
Über dem
Der Donner
Eines falschen Paradieses drohnt.

Fremdenverkehrsort

Ich sah Straßen, die steil und nie still stehen,
Straßen, in denen Menschen schrill ihres Wegs gehen:

Ich sah Straßen in Rosa und aus Fernsehspielzeug gebaut,
Straßen mit bunten Dingen, denen man einen Gebrauch zutraut.

Ich sah Straßen für Unterhaltung gegen das Schweigen,
Straßen, die Ersatz für Lücken in verlorenen Zeiten aufzeigen.

Ich sah Straßen wie ein Jahrmarkt für sechs Monde gesäumt
Straßen, mit Massen in den jeder von Einmaligem träumt.

Ich sah Straßen mit Menschen, die froh sind im Flanieren,
Straßen mit Menschen, die froh sind, sich zu verlieren.

Ich sah Straßen mit Menschen, mit Mitmenschen am Strand,
Straßen, in denen ich sah und mich als Fremden wiederfand.

Systemtourismus

Tage getakte und portioniert,
Animiert und unterhalten,
Wie die dargereichten Taten,
Vom sogenannten "Stuff" mit Stoff
Und den Häppchen Fremde am Büffet.

Parzellierte Liegestühle,
Vergebene Reihungen am Strand,
Die neben der dünnen Kultur der Leichte
Unweit am Poolrand vorbei
In der Langweile der Sonne parkten.

Konzepte

Weicher Sand
Unter den Füßen
Als Steg für offene Tage,

Aber ein Meer
Von Liegestühlen
Vorm alten Meer,

Wurde zur Blockade
Die das Auge bremsten,
Um im Blau zu vergehen.

*

Auch der Mond über der See
Bei den Menschenmassen
Ließ mich zu Beginn der Bäder
Noch im schweigenden Schrei zurück:

Es waren noch Erwartung im Weg
Um im Augenblick anzukommen.

Denn erst als der Kokon
Meiner Konzepte Risse bekam,
Gewann der Augenblick wieder
Den ersehnten Freiheit der Weite.

Fuge

Der Klang einer Fuge erfüllte
Die abgetretenen Mauern
Und er flutete den Raum
Wie die Luft die Lungen derer,
Die zu ertrinken drohen.

Die Musik atmete offen
Die Resonanz eines Gottes,
Der in die Weite klang und
Die reiche Leere aller Stunden
Im Zeichen seiner Sprache schrieb.

Bejahung

Sich wieder öffnen
Für das Leben
Wie das Meer
Den Regen
In sich aufnimmt
Und wieder eins wird
Im Erlebnis
Einer Umarmung,
Die liebt
Und erinnert, dass
Die Unendlichkeit
Ein Haus ist.

Entspannungsindikator

Es zeigt sich wie entspannt man ist,
Wenn man den Tag der Woche vergisst,
Denn dann ist es endlich so weit:
Man lebt jenseits von Plan, Kalender und Zeit.

Aufbruch

(Caorle)

Es schläft ein Kind
In den umbrandeten Steinen.

Es lächelt,
In Träumen gebettet
Vor seinem
Ersten Augenaufschlag
Der Unendlichkeit in die Arme.

Im Haar trägt es Muscheln
Mit Hoffnungsschimmer
Als Geschenk des Meere,
Dass auch seine Tage im Regen
Sich zum Tanze verwandeln.

Antike

Antike Säule am Wegrand:
Sie stützen als Fragmente
Nichts mehr von Bedeutung.

Nur noch als Erinnerungen
In Bildern überfüllter Speicher
Sind sie gut für eine Geschichte,

Aber bisweilen,
Zeitverbundener gesehen,
Tragen sie noch
In altem Eifer für Einzelne
Den Gedanken der Bildung
Und die Poesie der Wolken
Als Säulen des Triumphs
Durch unseren käuflichen Tag.

Löwentage

Freie Stunden,
Mit Muse im Schatten:

Dahingestreckt
Wie ein Löwe lag ich
Und
Mit leisen Taten
Und dem Tasten
Der Sinne
Auf den entlegensten Seiten
Glitt ich
Über die Zeichen der Deutung
In den Abgrund
Und die Größe unserer Zeit.

Wolkenbild

Wolken am Horizont:
Wie Berge aus Meerschaum
Unförmige Mondwellen,
Zarter in der Struktur
Und offener in der Bedeutung
Als wir Erben Babels
Im Abgrund der Sprache
Ihre Alphabete verstehen.

Meergedanken

Die Kühle der See:
Ich trinke sie mit Augen.

Seine Weite:
Sie trägt mich heim.

Seine Tiefe
Lässt mich träumen,

Und der Gedanke
An ein Letztes,

Schenkt sich mir,
Wenn ich gehe,

Als Abenteuer des Offenen,
Selbstlos und frei.

Alltagstheaterszene

Lächeln,
Die flüchtig aufblitzen
Und spastischen Zuckungen gleichen,
Klingen
Hohl und falsch aus der Maske,
Da nur
Die Befolgung der Konvention
Sie zur Aufführung bringt.

Teil III

Fakt

Das Vergehen
       Ist Fakt:
Wir sind Möglichkeiten,
       Aber potentiell auch
Zur Geburt schon tot.

Wir leben nur
       Heute und für Morgen
Fragil und
       Verletzlich
Ohne Garantie
       Auf einen Vorschuss,

Wir leben heute
       Als Freiheit im Vergänglichen
Für morgen,
       Und morgen,
Für was?

Sommernachtsatem

Ein Konzert des Zirpens,
Das sich an die Stille schmiegte,

Ein Schluck gesättigter Luft,
Die Nüstern mondnah,

Sternenversunken
Der wandernde Blick:

Mit der Nacht als Mantel
Über meiner Nacktheit,
Stand ich bejaht in der Tagneige:

Denn ich verliebte mich neu
Ins Leben und
Seine flüchtige Leichte:

Zum Sommerabend
In den Armen der Tiefsee,
Gab meine Liebe sich frei.

Erinnerung

(Rüber)

Die offenen Bachhänge
Der ersten Kindheit,
Schlafen unauffällig und
Überwachsen am Wegrand,

Nusssträucher bedecken
Die betretene Erde,
Aus dem in einigen Zeiten
Schon wieder neues Laub wächst.

Niemand spielt mehr dort,
Außer mir im Vorrübergehen
Mit einigen Freunden
In den Erinnerungen der Gärten.

Müdigkeit

Die Müdigkeit,
Liegt schwer und verdient
Wie eine Schar
Schwarzer Sterne auf meinen Schultern,

Müdigkeit,
Die sich meerschön nach dem Offenen
Und einem Platz
Im Nachtvers des Vergessens sehnt.

Lebenszeichen

Leben
Schenkt Gaben und Leben schenkt Glück,
Leben
Vesucht sich und hält nichts zurück,
Leben
Schlägt Haken und Leben schlägt Narben,
Leben
Lässt hoffen und Leben lässt darben,
Leben
Ist Fülle und zeigt sich in Farben.

Liebe

Ein Blick, der verbindet,
Ein Glück, das gibt,
Bejahung, die findet,
Findet, der der liebt.

Trost

Mehr Nähe zum Meer
Birgt der Schlaf:
Er eröffnet
Den Trost der Weite
Für die Empfänglichen
Denen der Tag eng lag.

Lächeln

(Für M.S.)

Drei Küsse schenkt ich ihr
Auf ihre gefalteten Wangen,
Aber nicht nach Gang gab ich sie
Unter steigenden Tränen fort:

Dreimal kehrt ich um, denn
In ihren blassen Augen
Und einem letzten Lächeln
Ahnte ich den Abschied.

Und sie verstarb noch
In derselben Nacht,
Als Gläubige in Angst
Ohne ein Zutun der Leichte.

Reinheit

Eine Begegnung wurde zum Brandsatz
    Der das Schweigen brach,
Und die Segnungen des Feuers
    Und Reinheit für die zweite Hälfte brachten,

In Worten der Wut,
    die verabscheuten, brach sich die Stille,
In Worten wie Messer,
    die in der Schärfe der Analyse schnitten,
In Worten wie Nägel
    Die in den Schädel des Schlafs einschlugen
In Worten wie lustvolle Tritt
    in ein widerwärtiges Gesicht
In Worte wie ein Würgen,
    das zupackte und wartete,
In Wort der Verachtung,
    die den einen lebendigen Abschaum priesen,
In Worte der Wahrheit,
    die weh tun wollten
In Worten, die Genugtuung verlangten,
    Für die Erniedrigung
Die ich über Jahr als Scham und Ekel
    In mir ertrug,

Denn am Ende war die Geduld
    Meines Schweigens verbraucht,
Und Aussicht auf Vergebung gab es keine:
    Ich wünschte ihm den Tod!

Offen

Mondlicht
Mäandert wie silberne Milch
Zwischen den Häusern
Und von den Sternen zur Straße
Spiegelt die Luft
Die erste Fülle des Herbstes.

Ich derweil,
Als wenig in der Stille
Blicke aus den Fenstern
In reinere Ländereien,
Bereit für ein Leben als Gedicht
Im farbigen Nachtspiel der Gezeiten.

Du

Dein Lächeln bei Tisch:
Ein Tanzen.

Deine Umarmung bei Schwere:
Ein Sonnenaufgang

Deine Art zu sein:
Meine Hoffnung im Ganzen.

Deine Sinne im Leben:
Mein Neuanfang.

Deine Augen im Alltag:
Anker und Meere.

Dein Unglück ist darum,
Meine Schwärze und Schwere.

Teil IV

Raum

(Noordwijkerhout)

Ich vernahm
Den Atmen einer Maus
Im entlegensten Winkel,

Ich vernahm meinen Herzschlag
In einer verlangsamten Bewegung
Der Sekunde zur Uhr.

Ich vernahm den Wind
Als Streicheln über den Dächern
Nahbei den Dünen,

Ich vernahm den Sand,
Der sich spaltete
Und als Goldstaub zum Meer trieb,

Ich vernahm in der Stille
Raum in mir, Raum, der noch
Unentdeckt war und ins Licht stieg.

Auszeit

(Noordwijkerhout)

In Gespräche verstrickt
Blickt das liebende Auge
Gebundener
Über die sich weitende See,

Und so fällt dann
Kaum ein goldenes Wort
Unter Menschen
In den Gang der Gedanken.

Was bleibt ist nur:
Das Warten als Sehnsucht
Auf den Rückzug
Für die Ernte der Gezeiten.

Einmaligkeiten

(Noordwijkerhout)

Jede einzelne Welle, die sich hebt und bricht,
Die Winde, die sie tragend vorwärts treiben
Jeder Tropfen, der freudig in die Fluten springt
Und jede Gischt, die im Winde das Werden besingt,
Sind grandiose Werke, Schöpfungen, die nicht bleiben.

All das, Unendliches zur gleichen Zeit und zu anderen Orten
Ereignet sich nur ein einziges und heiliges Mal -
Drum: wie reich doch das Leben zu sein vermochte
Sähen wir nicht durch die Brillen von Gewohnheitsworten
Und überwürfen die Welt mit den Ketten und Gesetzen der Zahl.

Wildnis

(Noordwijkerhout)

Der Wind
Peitscht die Wässer nur für den Blick,

Denn die Brandung
Schweigt geschützt durch die Fenster,

Und so brechen sich
Die Wellen ins Endlose ohne einen Laut.

Doch mir
Von der Musik des Behagens umhüllt,

Steht der Sinn
In der Sehnsucht der Stürme

Jenseits der Gehege
Auf den Bergen der Meere zu gehen.

Abschied

(Noordwijkerhout)

Die See
Bewegt sich noch,
Aber ihr Lied spielt mir
Heute in einem heiseren Ton.

Die Luft
Schmeckt noch nach Salz,
Aber ihre herzhafte Süße
Schneidet meine Zunge mit Ekel.

Die Bilder der Tage,
Die ins Ermessen steigen,
Werden vielleicht verändern
Und für Morgen bereichernd bleiben,

Doch heute fühle ich einen Riss
Als Schleier der Schwere in mir,
Der sich im Abschied wie Nebel
Über die Feier der Stunde legt.

Herbstimpression

Einen Sonnenspiegel
Als Straßenbild,

Asphaltgelb wie Gold
Am Laubsteg vorbei

In eine Abendlandschaft,
Die sich mit Fülle und Formen,

Prachtvoll vergänglich
Zur Flussmündung neigt.

Hoffnung

Hoffnung ist edel
        Und entsetzlich,
Weil tragend und doch
        So verletztlich.

Kunst

Kunst ist es, in der Schwere
Einen schwarzen Gedanken zu treffen,
Der tragend wie Musik klingt.

Kunst ist es zu lieben,
Wenn nicht alles ohne Mackel atmet,
Federleicht wiegt und sich frei spielt.

Kunst ist es, Meer und Sonne
Vermählt zu schauen, wenn Wände
Den Blick wie ein Verlies umstellen.

Kunst ist es, sich und Stille zu spüren,
Wenn der geschäftige Tag
Ganz im Auge des Sturms steht.

Kunst ist es, Türen zu öffnen
Damit "die Wirklichkeit" sich
Nicht mehr als einzige Idee anbietet.

Kunst ist es, in Gärten
Zu wandern, wenn die Erde
In Städten einer Wüste gleicht.

Kunst ist es, die Regeln zu brechen,
Wenn eine weite Einhelligkeit
Zum neuen Heil anhebt.

Kunst ist es, neue Wege zu gehen
Wenn die anderen sich mutlos
Dem Gesetz der Gewohnheit ergeben.

Teil V

Schlaf

Ein Gedanke,
Kurz vorm Schlaf erfasst,
Klang so
Als tanzte
Der Mond durch Honig
Zum Grund der See hinab.

Denn es verlor
An der Nachtbiegung
Die Vernunft die Herrschaft über Sinn
Und die Kette der Sätze,
Aus denen sich,
Wie im Traum,
Bilder und Glieder lösten,
Um in der offener Bedeutung
Poesie zu sein.

Dasein

Ich werde da sein,
In jeder Falte der Wolke, die du siehst,

Dasein in der Brechung der Wellen,

Da sein in der Luft
Die du achtsam atmest,

Da sein im Mantel der See,
In die du zur Verhüllung tauchst,

Ich werde da sein
In den Klüftungen des Felses auf dem du stehst,

Da sein in der Erwartung
Unter dem Stein, den du hebst,

Da sein in der Stimme des Windes,
Die du fernab der Anderen vernimmst,

Da sein im Geschmack
Und der belebenden Frische der Früchte, die du erntest,

Ich werde da sein als Geleit
In Gedanken auf deinem Weg,

Da sein, auch wenn ich nicht mehr bin,

Das ein als Melodie an deiner Seite,

Da sein in dir als ein Gesang,
Der nach Nacht und Liebe klingt

Schneefall

Als der erste Schnee fiel,
Leichter als Regen,
Versank ich knietief
Im Wortkreis der Schweigens
Und bestaunte in der Stille
Und Anmut der Schlichte
Die Ankunft eines Gedichts.

Winternacht

(Rüber)

Das Tal lag offen und weit
In die windstille Winternacht,
Mensch und Feld schliefen schon gefroren,

Und jenseits vom Rad der Zeit
Schien die bewegunslose Welt gemacht
Und ich darin als Sterblicher geboren.

Die Dinge standen still und starr,
Der Mond blickte treuverliebt,
Und mir allein am reifen Nachtrand war,
Als ob sich mir ein teurer Moment hingiebt.

Die Nacht war sternenklar und knochenkalt
Ich ging in einer Eiswüste auf klirrenden Erden,
Ich wusste um mehr als nur um mich als Halt,
Und es überschlug sich mein Herz vor der Lust am Werden.

Metamorphosen

Sich in die Nacht vergraben
Bis in der verlassenen Stille
Wieder die Melodie des Lichts herrscht,

In Fragen eintauchen
Bis unter leichterem Atem
Die Antwort wieder wie Luft schmeckt,

Den Taumel aushalten
Bis daraus wieder ein Tanz,
Und aus dem Fallen ein erster Flug wird.

Details

(Allgäu)

Ihr Lächeln im Abendrot:
Ein Lichtpunkt
Vor der Silhoutte der Alpen,

Ihr Schmollen in der Auffahrt,
Ironisch aber heiter
Über die Ankunft des Schnees.

Ihre Bewegung im leichten Gang:
Ein Glanz
Vor dem Panorama der Weiße.

Augenblicke waren es nur,
Ich aber offen
Und noch zärtlich genug,

Um in Liebe zu sehn,
Was das Kleinste
Mir dir an Glück birgt.

Nachtgespräche

(Rinnen)

Der Mond hing halb,
Wie ein zerschnittender Ball
Zwischen den Bergen,
Und er verhalf dem Blick,
Die schlafenden Welten
In Silber zu schauen.

Der Gebirgsbach plätscherte
Ins endlose Schweigen
Und durchs Fenster drang
Die Schönheit der Stille zu mir
Die mich mit etwas Zeit
Für ein Selbstgespräch beschenkte.

Gipfelerlebnis

Schnee in den Bergen
Mit Tälern als Weltmund
Die Lärm verschlucken,
Um Stille zu schenken.

Mit Gipfel an Gipfel ruht
Das Gebirg in die Weite geführt,
Wie ein Meer aus Wellen
Im Gestein der ewiger Zeiten,

Und als lebendige Andacht
Schweift das liebende Auge
Über die gewordene Schönheit
Eines unerschöpflichen Sinns.

Gefährte

Der Mond,
Ein Wanderer
Zwischen den Tagen,

Ein Nachtmaler
Der freien Vernunft
In den entlegensten Träumen,

Ein stilles Auge
Als Freund und
Seelenspiegel in den Straßen,

Ein Gefährte für die, die
Durchs Dunkel streifen,
Und sich allein finden,

Verloren, aber fest in sich
Zwischen den Zeiten
Ohne Zentrum und Bleibe.

Glückstage

Die Tage sind bunt,
Offen und heiter
Und im Ohr spielt ein Lied
Dass wir liebten.

Im Blick eine geschenkte Fülle,
Die durch die Stunden trägt
Wie die hungrige Kraft
Einer neuen Gesundheit.

Und im Haar trage ich
Eine gepflegte Länge Freiheit,
Die mein Glück spiegelt
Und sich fort ins Lachen schreibt.

Fokusierung

Im Denken kann man weit schweifen,
Sich Sorgen machen und Theorien ersinnen,
Die zu Systemen und Ideologien reifen,

Aber eine Option ist´s auch im Hier zu bleiben
Und sich dem Augenblick zu verschreiben,
Um den einmaligen Moment zu gewinnen.

Spuren

Spuren werden wir sein,
Spuren im schmilzendem Schnee,

Aber noch gehe ich aufrecht
Im Glück zu den Quellen,

Noch schmecke ich die Farben
Im Gang der Musik,

Und fühle den Puls der Zeit
Im Aufbruch der Wolken,

Noch schreibt sich Leben in mich,
Noch beschreibe ich Leben als Gedicht.

Noch liebt sich in mir
Der Tag in seinen reichen Gesten,

Noch ist Leben bunt und
Kein endloser Schlaf,

Noch bleibt Zeit zu sein,
Bevor wir nur Spuren sind.

Sehen

Blind für die Blitze
Wird die Stunde nicht hell
Und es wartet
Im Nebel der heilige Tag
Auf die Berührung
Der Augen, die lieben.

Erinnerung

Wie Schuppen
Fällt
Der Schorf der Sterne
Von meinen Lippen,

Und nur
Eine Narbe bleibt haften
Vom Geschmack
Der Leidenschaft der ersten Küsse.

Teil VI

Kinderlachen

(Cadzand)

Wieder wie ein Kind sein,
In der Seifenkiste am Meerrand,

Verspielt im Flug des Drachen
Zwischen den Bewohnern der Wolken,

Frei auf der Suche nach Muscheln
Für eine Kette von Freunden,

Wieder wie ein Kind sein
Selbstvergessen im Augenblick,

Leicht wie du in deinem Lachen,
Zwischen den Burgen aus Sand,

Ein Lachen, das wie du, neugierig und
Unverfälscht, in den Tag klingt.

Konzentration

(Cadzand)

Das Nachtmeer ohne Brandung,
Eine immense Konzentration,
Als eine Macht, die schweigt,
Und die Weite der Stille spiegelt.

Bildung

(Brügge)

Die Statuen der Heiligen
Im Kathetralenschatten
Fochten versteinert, aber sichtbar
Mit Schwert und Buch
Für ihren Gott aus der Geschichte,

Doch ich wünschte bei ihrem Anblick
Es wären auch Gestalten der Antike
In unseren Städten zugegen,
Die die Idee der Bildung brächten,
In der sich das Denkens als Glück preist.

Kippe

Wir werden die Wärme
Bejubeln wie Liebe und Wein,
Wenn, wie im Februar,
Sich der Winter verflüchtigt,
Wir werden feiern und
Den Mond verbrauchen
Bis die Stimmung kippt und
Die Katastrophen einkehren.

Und dann, wenn
Der Himmel Feuer,
Schatten ein Geschenk,
Süßes Wasser eine Rarität,
Die Meere wie Mauern
Und der Tag Wüste sein wird,
Wo wollen wir hin?
Wie werden wir leben?

Nachtruhe

Mit dem Meer in der Nachbarschaft
In einem Haus, das sich ans Unendliche lehnt,
Wo selbst der Tau mit Vorstellungskraft
Sich zum Meer zu werden sehnt
Da träumt es sich gut und getragen
Im bewegten Gang der ewigen Gezeiten
Hinweg über das Endlose offener Fragen,
Da einen die Wogen ins Unendliche geleiten.

Brügge

Ich ging durch Gassen,
Die von reichen Zeiten erzählten,
An der Blut-Basilika vorbei,

Und ich schipperte
Durch die Grachten der Geschichte,
Die der Krieg nicht begrub,

Ganz so neugierig
Wie ein Schwan sich
Durch die Zeilen der Annalen bewegt,

Und sich
In die Tage der Anfänge träumt,
Um reine Möglichkeit zu werden.

Stille

(Bei Damme, Belgien)

Eine Straße im Nirgendwo
Als lange Allee angelegt
Lief zwischen den Buchen
Ans Ende des Abends in der Sonne.

Und im Kanal anbei,
Parallel und symmetrisch errichtet,
Lag die Stille am Gebirg` eines Geländers
Wie ein unbewegter Gott
Über den heiligen Wässern:

Alles lebte in der Weite,
Alles schien wahr und gut,
Alles war offen und endlos
Und wartete auf nichts.

Jedermannsmeer

(Cadzand)

Heute am Meer,
War ich nur anwesend
Und mir kam dabei
Kein neuer Gedanke in Gold
Oder ein heiliges Gefühl,
Das noch nicht die Leere eines Gedichts
Mit Zeichen seiner Hoffnung füllte.

Heute am Meer
War ich nur Menschen,
Ein Fremder vielleicht, einer unter vielen,
Ein Flaneur mit Fähigkeit und Fehl,
Der von der Brandung erfasst
Eine freie Stunde im endlosen Geschehen
Am Rande des Ursprungs genoß.

Zerdacht

(Cadzand)

Rohzerklüftet und kantig,
Spielt die endlose See
Mit Regen in ihrer Größe
Das bewegte Bild der Welt
Als einen zerdachten Tag
Malerisch in den Stürmen.

Unsicher war die Stunde
Hoch in die Wogen geworfen
Wie eine Zeit ziellosen Lebens
Und zerrissen lagen die Pläne
Der gesandeten Wege
Dem Meer zu Gesicht.

Mündungshoffnung

(Cadzand)

Wir spazierten
Hand in Hand
An der offenen Flanke der See,
Wir erzählten frei, und
Verliebten uns neu in den Tag.

Wir spazierten
Und ich hoffte im Stillen,
Wir gingen noch lange
Zu zweit und gemeinsam
Diesen Weg bis zur Mündung.

Augenblick

(Cadzand)

Wie ein purpurner Bogen
Stand der offene Himmel
Über unseren leichten Begierden:
Du spaziertest dünenwärts darunter,
Im letzten Licht des Tages.

Ich schaute Dir nach und
Blickte derweil dankend
In die Zeilen eines Gedichts,
Geschrieben von Dir und
Einem Augenblick zu Händen der See.

Begleitung

Das Meer lasse ich nie ganz zurück,
Das Weite und Offene, vor dem ich
So gerne stehe und schon stand,

Denn wenn ich ihm den Rücken kehre
Wird zwar seine Musik
Mit jedem Schritt leiser im Sand,

Aber der Fluss seiner zeitlosen Melodie
Begleitet mich weiter in der Bewegung
Meines Atems an Land.

Psalm

Leben
Als Geschenk des Lichts
In der Sandung der Augen
Die sehen.

Lebens
Als Geschenk der Form
Im Segen der Hände
Die wirken.

Leben
Als Geschenk des Atems
In der Sicht der Seelen
Die lieben.

Leben
Als Geschenk des Möglichen
Im Kern der Stunden
Die glücken.

Teil VI

Pose

Es war schön anzuschauen:
Eine Kirchblütenallee
Als Frühlingstraum
Die ein Stück Zementgarten
In Rosa tauchte.

Gedämpft wurde der Blick nur
Durch ein ehrgeiziges Gepose
Von Puppen davor,
Das bald schon
Als inszeniertes Lächeln
In den Netzen spielt,
Um nach Anerkennung
Zu buhlen.

Charakter

Wer nicht darf,
Was er wünscht
Wenn er weiß
Dass er`s könnte,

Dem gerät das Leben
Aus der Bahn,
So dass er fürs Kommende
Ins Schwarz fällt
Und sich Widerstand formt,

Der im Schwachen
Zur Missgunst,
Und im Starken
Zum Weg erwächst.

Kampf

Ein Schluck Wein
Aus Tränen im Weltglas,

Dazu ein Meer mit Plastikinseln
Und Gletschern, die gebrechen.

Der Reichtum verteilt,
Wie in einer Geschichte des Grotesken.

Die Zukunft wird aus der Pragmatik
Einer blinden Vision erbaut.

Und das Ganzes wirkt hoffnungslos,
Zersplittert in der Eigendynamik der Mächte.

-

Ein Ort aus Regen,
In dem Gesang erklingt
Nennt sich unser Zuhause,

Ein schwarzes Paradies ohne Gott,
Das aus Gier und Verblendung
Voll Sand läuft,

Aber ist es nicht zu bedeutend und schön,
Um es kampflos
Dem Untergang zu überlassen?

Halt

Liebe

Als Halt
Im Leben

Vor dem
Nichts

Als Werden

In der
Entwicklung

Zu Mehr

Für die Zeiten
Die bleiben.

Tagesbilanz

Ein Tag
In der Stadt der Gerechten,

Ein Tag
Im Gedanken an Gott in allem,

Ein Tag
Mit Kunst in der Entgrenzung der Farben,

Ein Tag
Am Meerrand mit Ausblick und Stille,

Ein Tag
Im monastischen Schweigen, - einsam und schön.

Sonnengebet

Die Sonne
In der Höhe des Sommers,
Sie,
In der Mitte am Wegrand,
Sie die Licht warf,
Leben ins Werk setzte,
Und hell und
Im Worte wach werden ließ,
Was sich liebte.

Die Sonne
In der Mitte am Abgrund,
Sie,
Die sich senkte
Wie ein Schwan
Sein schwellendes Haupt
In den Horziont der Zeit taucht,
Um wie ich
Dem Augenblick zu danken.

Riss

Der taujunge Morgen,
Lag noch
Frisch und nachtnah
Im ersten Licht und Nebel gebettet,
Aber zum Hügel herauf
Dröhnte schon
Der geschäftige Tag aus den Tälern
Und raubte
Dem schweifenden Blick in Bildern
Den Segen der Stille.

Nur, was stört mich
Dieser tägliche Bruch der Idylle?
Bin ich nicht mehr
Offen und bereit
Für den schwarzen Zauber
Einer gespaltenen Stunde?

Wie kam´s nur, dass sich vergaß
Dass das Flüstern der Entfremdung
Als Riss in mir
Einen Platz und
Seine eigene Poesie hat?

Mondnacht

Der Mond und ich
In seiner flüchtigsten Fülle
Und die weiße Nacht umher,
Ausgebreitet und mildwarm
Wie ein warmes Gewässer
Über den Sommerwiesen:

Auch wenn ich weiterhin
Nackt bin,
So fühlte ich mich
Unbeschuht auf gutem Wege
Unter dem Gelübde der Sterne
Und in eins
Mit dem Puls der Erde
In ihrem Atem
Verbunden.

Denn alles wirkt belebend
Und gut,
Was ich bejahe.

Warten

Draußen blühte die Stunde im Mittag:
Die Hitze stach in die Stille und
Die Sonne schien steil in den Hängen,

Er aber lag drinnen, im Bett:
Mager, matt und ausgemergelt,
Mit Morphium gefüttert
Und um die Reste seiner Zukunft beraubt.

Er wartet und erzählte entschleunigt,
Lachte bisweilen altbekannt,
Aber er litt, wenn auch noch unverbittert.

Er hakte ab, was nicht mehr sein wird
Als Besuch in den Gärten,
Und wartet mit jedem Ticken der Uhr
Auf den letzten Tag in der Urne.

Draußen blühte die Stunde des Mittags,
Aber der verregneteste Tag ist noch
Zu schön, um zu sterben.

Wegrand

Eine Pfütze nur,
In der sich der Wald und der Himmel trifft,
Und die freie Vorstellung
Aus dem Käfig des Verstands schifft,

Eine Pfütze nur,
In der ich als Spiegel ins Meer blickte
Und die Fantasie mich hinaus
Auf eine Reise in mein kleines Glück schickte.

Zeitperspektiven

Die Kindheit
Trägt eine verspielte Ewigkeit im Augenblick,

Die Jugend
Lebt mit dem Werden als ihr offenes Geschick,

Die Reife
Wähnt sich dazwischen im Reichtum der Zeit,

Und das Alter
Fühlt am ärgsten am eigenen Leib den Fakt der Vergänglichkeit.

Teil VII

Aufbruchstimmung

(Canterbury)

Nacht umher, lebendiger Wind, leichter Regen,
Die Bäume trugen ihr noch junges Herbstgewand
Und im Licht des Abends auf offenen Wegen
Leuchteten mir die Straßennamen noch unbekannt.

Dieser altehrwürdige Ort war mir noch kein Begriff,
Doch mit Neugier und Respekt beladen und gespannt
Stach ich in die Steinsee und erkundete auf meinem Schiff:
Mich in frischer Umgebung und ein Stück neues Land.

Verzweiflung

(Canterbury)

Sonntag, neun Uhr abends in Canterbury,
Und ich beobachtete einen Fremder im Vorübergehen:

Er war noch jung und stampft
Mit einer Flasche goldenen Betäubung in der Hand
Die Straße hinab
Den Rest einer ungewissen Zeit zu finden:

Keine Arbeit, kein Geld, keine Zukunft
Nach dem Bruch mit den europäischen Fesseln?

Eine verletzte Liebe, die der Linderung bedurfte?

Oder ein anderer Verlust, der verzweifelte
Und sich nach Vergessen sehnte?

Ein Schluck Betäubung blieb noch
Bevor am kommenden Tag wieder
Die hartnäckige Illusion
Der kollidierenden Realitäten schmerzt.

Kurzgeschichte

Zuerst die Ideen der Griechen
Mit fragendem Denken, Wissenschaft und Demokratie,

Dann ereignete sich
Die Eroberung der Römer mit ihrem Weltreich und Recht,

Worauf die Religionen als Regime des Gewissens
Und der zukünftigen Verheißungen folgten,

Bevor Descartes Ego Cogito
Den Menschen in den Mittelpunkt rückte,

Wissen zur Technik wurde
Und das Imperium des Kapitals in England aufkam,

Um die kurze Geschichte der Macht
Als explosive Mischung aus allem mit Gier zu beschließen.

Bäume

(Bath)

An manch alten Plätzen
Mit ehrwürdigen Bäumen,
Brauche ich für ein erbauliches Bild
Keinen Menschen in der Mitte,
Der das Stillleben befremdet:

Die Ruhe des Blicks,
Die dem Streben des Stamms
Und der Geschichte folgt,
Die an ihm vorüber zog,
Genügen zur Vollendung.

Phantasie

Die abgetragenen Steine,
Über die Mensch und Zeit schritten,
Sind stumm und kalt,
Aber in der Vorstellung
Rekonstruierte ich mir
Aus dem Abrieb der Stunden
Eine Geschichte Roms
Mit dem Überlebenskampf
Der kleinen Leute nahbei den Bädern.

Mandalagabe

(Torquay)

Jemand malte gekonnt
Und umsonst
Unter dem Kamm
Der Schwelle
Ein Mandala
Als Bild für ein Königreich
In den Sand.

Schön war es zu bestaunen,
Bis die Flut kam
Und die Anmut der Symmetrie
Zu einem weiteren Denkmal
Der Vergänglichkeit wurde
Und sich Form
Wieder in Leere verwandelte.

Sonnenseite

(Torquay)

Mit dem Gesicht zur Seeseite
Stieg die Sonne golden
Übers Wasser und
Zwischen den Wolken
Die Himmelsstufen zum Tag,

Und ich frage mich ergriffen
Warum ich als Sterblicher
Ohne Glaube an einen Gott
Der Göttlichkeit des Seins
Danken mag?

Erklärung

(The Lizard)

Sie, 8 Jahre alt, war gelangweilt und trotzig und meinte:
"Was ist denn hier Papa: nur Wasser und Stein,
Und Muscheln kann ich hier auch keine finden?"

Ich fühlte mich verlegen und in meiner Zuneigung
Zur See getroffen, denn sie zeigt Verstand,
Aber noch keinen Sinn für Transzendenz.

So beschwichtigte ich und hoffte, dass vielleicht
Eines Tages meine Gedichte vom Meer
Ihr das Wesen der Liebe erklären.

Meerspaziergang

An der Meerlinie entlang spazieren
Und sich in Gedanken verlieren,
Gedanken, die nicht von Sorgen zeugen
Oder sich dem Diktat von Morgen beugen,

Gedanken, die frei aus der Weite rollen
Die den Gipfel des Moments erklommen,
Die präsent sind, weil sie es wollen
Und nach ihrem Gesetz des Weges kommen.

An der Meerlinie entlang spazieren
Und sich in Gedanken verlieren,
Die an den Lippen der Brandung hängen
Und die Projekte im Gepäck verdrängen.

Am Meer spazieren, um in sich zu gehen,
Tiefer zu schürfen und zu verstehen,
Welch teurer Reichtum jede Stunde birgt
Während die Arbeit Muse und Weite würgt.

An der Meerlinie entlang spazieren
Und sich in Gedanken verlieren,
Gedanken, gesungen wie ein Gedicht,
Mit der Unendlichkeit in uns und
Dem Meer von Angesicht zu Angesicht.

Inneres

Es gibt keinen Ort,
Der sich nur lustvoll und schön anfühlt,

An dem man es aushält
Ohne in Langeweile zu verenden.

Es gibt keinen Ort
Der nur frei und reich an Eindrücken ist.

Es gibt keinen Ort
An dem ewiger Frieden herrscht,

Und sich Offenheit
Und die letzte Treue ereignen.

Es gibt keinen Ort,
An dem Heimat und die reine Geduld verweilen,

Wo Gelassenheit
Ihr Glück in jeder Stunde probt,

Und Liebe als Bejahung
In eine Umarmung des Universums fließt.

Es gibt keinen Ort wie diesen
Solange all das nicht
Als Sehnsucht und Wille
Auch in mir wohnt.

Anker

Eine Hinfahrt auf manischer See,
In einer Nussschale aus Stahl im Sturm,
Die mich wieder Demut lehrte.

Im Schiefer enthüllten sich mir dann
Durch die Skelett von Blumen
Zeichen vor unserer Zeit.

Auf einem Pfad an der Kreideküste
Fand dich die Entscheidung zwischen
Dem Abgrund und einem Königreich,

Und Skulpturen aus rotem Stein,
Die stetig das Meer schliff,
Standen als Kunst in der Brandung.

Ein menschenleerer Strand aus Kies
Zog im Regen landwärts,
Da das Meer übergriffig wurde,

Das Meer, das mich anderenorts wieder
In Drang und Macht unter der Sonne
Von seiner Zeitlosigkeit überzeugte.

Im Hochmoor versank ich später
Eine Weile tief wie im Traum
In Wind und die offene Stille,

Bevor ich im Liegestuhl
Betrachtend eine Wissenschaft
Der Schnelllebigkeit der Wellen betrieb.

Ich sah die Sonne: sie gab sich
Im langen Lauf der Brandung
Lächelnd in goldenem Flies hin,

Und der Mond zeigte sich später
Als Kontrapunkt zum Kitsch der Unterhaltung
In der kargen Schönheit seiner Farben.

Die Krähen fand ich nicht scheu
Und menschenfreundlich genug
Für eine Erinnerung in voller Breite.

Im Stein sah ich ein Netzwerk aus Adern
Weiß wie Novemberschnee,
Das das Blut der Erde führte,

Wie auch Gesichter im Granit
Über der Zeit hinaus grinsten, um
Das Anorganische zu beleben.

Mit Palmen im Herbst tanzte ich,
Die mir von der Poesie des Lebens
Ein Stück des Weges schenkten,

Auf dem ich an jedem geliebten Ort
Mit bewussten Blick und Atem,
Einen Anker des Erinnerns setzte.

Grenzen

Die Sonne, fast wolkenverhangen,
Die oberhalb der Klippen hing,
Während das Meer darunter
Im Sturm sein Tosen pries -

Ein eingebrannter Augenblick:
Das Monument eines Moments,
Den ich neben meinem Erleben
Gern rein belassen und verewigt hätte.

Aber fast jedem Gedicht,
Das das Meer besingt, hängt
Sehnsucht und Mangel an, da
Kein Wort dem Unermesslichen gleicht.

Vielfalt

Ich sah die alten Adligen und Armen,
Wie Bäume angewurzelt in den Straßen stehen,
Ich sah die Obdachlosen und Bedrückten,
Mit Protestplakaten im Voyer der Paläste,
Die Freien und Gewöhnlichen sah ich
Auf Monate im Hauseingang geparkt,
Ich sah die Kinder und Konsumenten
Im Kaufhaus ihr Mantra sagen,
Ich sah Künstler und die Randständige
In ihrem veränderten Blick der Bewegung,
Ich sah die Arbeitsamen und Verlorenen
Gemeinsam in ihren Booten sitzen,
Ich sah und suchte Charakter und die Vielfalt
In den Geschichten der Häuser
Und fand Menschen in ihrem Gewand.

Elementarglück

Einen Augenblick nur
Zur Rast im Rennen
Nahm ich
Die See in den Blick:

Die untergehende Sonne
Lag noch im Feuer darüber,
Atmender Wind und Sand
Als Erde und ich im Raum
Fanden sich darin.

Einen Augenblick nur
Zur Rast im Rennen
Nahm ich
Die See in den Blick,

Und die Elemente vereint,
Genügten schon
In ihrer ersten Schönheit
Zum Glück.

Abschied

Die Bäume am Ufer
Streckten ihre Arme zur See.

Ihre Stämme: ein Steg
Über den die Zeit ins Vergehen lief.

Und die Blätter über
Den Böden
Bereiteten der hungernden Erde ein Fest
Und bedeckten
Die Wege
Für den Sommer des Abschieds.

Teil VIII

Geheimnis

Was
Hört im Schweigen der Nacht
Die Stille durch meine Ohren?

Was
Sieht die Sonne durch mein Augen
Wenn sie zu ihrem Genügen sinkt?

Was
Halt das metrische Gleichgewicht
In den Stürmen der Stunde?

Was
Schmeckt die Süße der Lust
Als Zeichen des Lebens durch meine Zungen?

Was
Riecht auf den Straßen
Den Regen als Duft von Rosen nach langer Dürre?

Was
Fühlt die Tage des Durstes
Als Glück der Begierde in meiner Haut?

Was
Ist dieses Ich ohne Erinnerung
Und abgeschieden von allen Sinnen?

Was
Ist dieses Ich am Ende
Wenn alle Worte enden?

Glücksmoment

Ein Augenblick in den Sternen:
Frei und wild,
Eine Wonne voll des Lichts,
Der wie ein erster Kuss
Als Kitzel der Lust
Durch den Leib streift
Und Staub aus Gold hinterlässt,
Für den man allzugern
Noch einmal im Jubel aufstünde,
Um erneut ins Offene zu ersterben.

Familientag

Wir spazierten im Grau,
Wir spazierten im Regen
Und erzählten vom Glück
Auf nicht endlosen Wegen.

Wir erzählten unbefangen
Von hellerhobenen Tagen
Vom kurzen und langen
Glück in seinen Lagen,

Vom Glück, das einem zufällt
Vom Glück, das man sich bereitet,
Vom Glück der großen Gesundheit,
Wenn der Augenblick sich weitet,

Wir gingen zu dritt im Regen
Und hielten uns froh bei der Hand
Und wir waren glücklich, dass jeder
Einen Platz im Glück des Anderen fand.

Second-hand-life

Nur der Konsumlust, Arbeit und Pflicht ergeben:
Das ist kein Glück, das ist kein eignes Leben.
Denn wer so existiert, läuft am Gängelband
Und fristet ein geführtes Leben aus zweiter Hand.

Umgangsform

Sonnenzeiten
Möchte ich augenblicklich genießen,
Und die hellen Tag
Mit den Namen von Sternen benennen,

Regentage
Möchte ich mir mit einem Lachen erschließen
Und in dunklen Zeiten
Die Essensz des Lichts erkennen.

Aufrichtigkeit

(Für H.L.W.)

Er war eigen, egozentrisch
Und auch als Kollege nicht einfach.

Wie er sich als Vater gab,
Wollte ich darum nicht wissen.

Doch seinen Eigensinn mochte ich
Und ich hoffte auf einen ehrlichen Abschied:

Und so kam es, dass seine Tochter
Das letzte Wort hatte.

Sie schilderte ihn in Farben,
Die auch Schwarz waren:

Sie sagte, er sei besonders,
Aber auch krank.

Sie sagte, er sei gutmütig
Und ein Egoist gewesen,

Sie sagte, er konnte lieben
Aber auch verletzend sein.

Sie sagte, er lebte in seiner Welt
Worunter sie litt.

Sie schien traurig und verwundet
Und ich staunte verwundert:

Denn die Wahrheit triumphierte
Über die Beschönigung bei seinem Begräbnis.

Neudeutung

Seine letzte Geliebte
Eschoffierte sich leise,
Denn sie wies
Nach der Feier des Abschieds
Auf das Loch mit der Urne hin
Und meinte
Es stünde nicht in Reihe
Mit den anderen Gräbern.

"Aber so war er doch zu Lebzeiten auch:
Einer der aus der Reihe tanzte
Und nicht angepasst war."
gab ich zurück;

Und in ihrem Lächlen
Erkannte ich Trost
Und wie wenig
Dazu gehört
Durch eine neue Deutung
Freude zu schenken.

Baumcharakter

Ich bewundere Menschen wie tiefwurzelnde Bäume,
Die sich vorm Sturm nicht verneigen
Und sich dem Druck der Sphären nicht beugen,

Ich bewundere Menschen mit eigenen Träumen,
Die ihre Haltung nicht nur im Sturme zeigen
Und im Wachstum von Sehnsucht zeugen.

Nachtspaziergang

Die Dunkelheit deformierte
Wie gewöhnlich die Wälder am Wegrand:

Nur schwarze Konturen
Aus Stein entstanden
Und ein wachsames Gefühl
Wie Angst als Grundton
Blieb in den Blicken zurück.

Mit der Zeit aber
Schmiegten sich die Sinne ans Nachtmeer
Und ein erster Gedanke
An die Genügsamkeit des Geheimnisses
Da zu sein
Stieg im Gedränge zum Vorschein.

Denn die alten Sterne
Erneuerten in der Umherschau das Staunen,
Während
Weniger fern im Falllicht
Rauch als Ausstrahlungsschmerz
Den Atem mit Industrieresten belebte.

Stimmung

Ein mächtiger Wind wirkte,
Der die Bäume
Wie Papier bewegte:

Nur die vereinzelten Buchen
Beugten sich wenig.

Doch beim Rest schien es,
Als beschleunigte der Sturm
Ihre Lebendigkeit,

Und im Geäst tanzte
Bejahend die Zuversicht des Unheils
Zur Stimmung des Wandels.

Repetition[2]

Ich erinnere mich selten
Im Ganzen an ein Gedichte,
Aber als ich mein Arbeitszimmer betrat,
Erklomm schon der Mond
Den Tag zur aufsteigenden Stunde.

Kaum dass ich ihn sah, nahm ich Maß,
Legte den Daumen über den Trabant,
Kaum größer als ein Knopf,
Und repetierte in nicht weniger
Als einer Geste Malkowskis Gedicht.

---

[2] "Schlechte Nacht"

Lockdown

Die Knospen treiben aus,
Der Himmel trägt Blau und
In seiner Offenheit spiegelt
Sich ein Gesang des Befreiten.

Nur die Stille in den Märzstraßen
Wirkt verabreicht ungewohnt
Wie ein Ausnahmezustand
Zur verängstigen Stunde.

Und die gedrängte Stimmung
In den vereinzelten Blicken
Birgt schon zu Beginn der Zeiten
Den Geschmack des Herbstes.

Abstand

Eine gereichte Hand oder
Das schöne Vergnügen der Freiheit
Im erlesenen Kreis der Sterne
Wurde auf unabsehbare Dauer vertagt!

Das Gebot des Abstands zum Schutz
Befinde ich auch aus Anstand geboten,
Aber aber die lange Ferne zu Familie
Und Freunden schmerzt nicht wenig:

Denn nur Blick, die über den Bildschirm zucken,
Bleiben im Horizont der Stille haften,
Und tragende Worte als Brücken gleichen
Im Gehalt dem Schatten einer Umarmung.

Rundfahrten

Es geschieht oft
Nicht weltbewegend viel
Auf den einsamen Fahrten mit dem Rad
Im Umkreis von hundert Kilometern.

Aber die Bewegung aus eigener Kraft
Durch die offene Landschaft
Genügt schon wie ein Gedicht
Zur Feier des Atems.

Trotzdem

Eigenheiten und widrige Umstände,
Stimmen, unversöhnlich!

Ein Licht nur, mein Kind
Das weckt und welkt,

Aber wir wachsen weiter
Und tragen die Rede zum Tag.

Nichts nun!? –

Sodenn umkleiden wir
Alles Nackte mit Liebe

Und im Nebel
Wissen wir zu wander,

Und von Augenblicken
Die wir lebten, schenkt sich ein Lied.

Kontrast

Blüten tragen
Ihren schenkenden Duft
Wie Goldstaub zu den Stämmen,

Der reine Himmel
Strahlt ozeanisch und meerblau
In der Sehnsucht seiner Blicke.

Und in den Straßen
Entkleidet sich Leichtigkeit
Wie ein verhaltenes Spiel.

Die erste Frische des Sommers
Bläht die Nüstern des Daseins
Wie Flügel der Freude auf...

Und ginge die Angst
Und Abgründigkeit des Offenen
Nicht in Bildern und Masken
Dystopischer Träumen um,

Wer weiß, ob ich den in Routinen
Befangenen Zauber der Dinge
Nach meinem zweiten Erwachen
Je eindringlicher sah?

Sommerzeit

Nachtlange Wärme
Und die schenkende Sonne begrüßt
Mit bereicherndem Blick
Die Gipfel in der ruhenden Früh:

Es finden sich zum Mittag
Keine Tränen mehr in den Tälern,
Nur heiteres Gewölk,
Das als Feier durch den Tag trägt.

Eine neue Freiheit flaniert
Wie Engel auf Tau in den Gärten,
Und die Lust zu leben
Löffelt die verheißene Süße aus Bechern:

Wir können nicht immer
In den dünnen Höhen der Freude wandeln,
Aber in Zeiten des Sommers eröffnet
Der Genuss das Geheimnis seiner Bejahung.